アルファベットの練習 ① （大文字）

1 アルファベット順になるように，正しい大文字を ⁝⁝⁝ に書きましょう。（40点）1つ10

(1)

(2)

(3)

(4)

2 アルファベットが書かれた紙に穴があいてしまいました。正しい形を予想して，⁝⁝⁝ に書きましょう。

（60点）1つ15

(1)

(2)

(3)

(4)

答えは65ページ

1 まちがったアルファベットを見つけて×をつけ，　に絵に合う単語を正しく書き直しましょう。(40 点) 1つ20

(1) $UN →

(2) ΣOO →

2 絵に合う単語になるように，正しいアルファベットを選んで線で結び，　に書きましょう。(60 点) 1つ20

(1) C・　・A　・W
　　K・　・O　・U

(2) G・　・I　R・　・U
　　J・　・A　B・　・L

(3) N・　・O　・Z　・U
　　M・　・U　・S　・E

「ウシ」はC，「女の子」はG，
「鼻」はNで始まるよ。

2

答えは65ページ

1 アルファベット順になるように，正しい小文字を ⬚⬚⬚ に書きましょう。（40点）1つ10

(1) a ➡ _____ ➡ c

(2) d ➡ _____ ➡ f

(3) _____ ➡ m ➡ _____

(4) _____ ➡ p ➡ _____

2 次の大文字を小文字に直して， ⬚⬚⬚ に書きましょう。

（60点）1つ10

(1) G _____

(2) K _____

(3) T _____

(4) Y _____

(5) I _____

(6) R _____

アルファベットの練習 ④ （小文字）

月　日

得点

点／合格 80点

1 次の単語はアルファベットのしりとりになっています。絵を見て，□□□□にアルファベットを入れ，単語を完成させましょう。（40点）1つ20

(1) be □□□ ➡ □□□ esk

(2) cu □□□ ➡ □□□ en

(1)cの次，(2)oの次のアルファベットだよ。

2 kからoの順に並んでいるものを，例のほかに3つ探して○で囲みましょう。（60点）1つ20

k	l	m	k	l	m	n	o	k	n
l	k	l	m	n	k	o	o	l	m
m	o	l	k	l	m	n	l	m	n
o	k	n	m	k	l	n	k	n	n
n	m	n	o	n	k	m	n	o	n

(例)

| k | l | m | n | o | o | l | m | l | m |

たて，よこ，ななめから探してね！

答えは65ページ ☞

1 ( ) のアルファベットを並べかえて，絵に合う単語を ⋯⋯ に書きましょう。(40点) 1つ20

(1)
音楽
(c, u, m, s, i)

(2)
英語
(g, l, h, s, E, n, i)

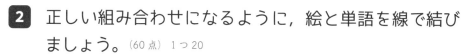
「英語」は大文字で書き始めるよ。

2 正しい組み合わせになるように，絵と単語を線で結びましょう。(60点) 1つ20

(1) 　　　　　　　　　　　　• science

(2) 　　　　　　　　　　　　• social studies

(3) 　　　　　　　　　　　　• P.E.

答えは66ページ ☞

単 語 ② （月・日）

1 絵に合う月の名前を，線で結びましょう。(60点) 1つ20

(1) •　　　　　　　　• February

(2)  •　　　　　　　　• January

(3) •　　　　　　　　• October

2 絵に合う単語になるように，□ からアルファベット
を選んで ┈┈ に書きましょう。(40点) 1つ20

(1)  A　 il

(2)  De　e　　er

c　b　p　m　r

答えは66ページ

自己しょうかいをしよう ①

1 日本文に合う英文になるように，（ ）の中から適する語を選び， ⦙⦙⦙⦙ に書きましょう。(40点) 1つ20

(1) 私(わたし)はリンゴが好きです。

I ＿＿＿＿＿＿ apples.　（play　have　like）

(2) 私はサッカーが得意です。

I am good ＿＿＿＿＿＿ soccer.　（at　from　to）

2 絵の人物が話していることを，英語で書きましょう。

(60点) 1つ20

(1)

　　　私の名前はミキです。

＿＿＿＿＿＿＿＿＿＿＿＿＿＿＿ is Miki.

(2)

　　　ぼくは大阪(おおさか)出身です。

＿＿＿＿＿＿＿＿＿＿＿＿＿＿＿ Osaka.

(3)

　　　私はテニスをすることができます。

＿＿＿＿＿＿＿＿＿＿＿＿＿＿＿ tennis.

「～できる」は can ～で表すよ。

7

答えは66ページ ☞

自己しょうかいをしよう ②

1 日本文に合う英文になるように，⊥⊥⊥⊥ に適する語を書きましょう。(60点) 1つ20

(1) 私は英語が好きです。

I _____ English.

(2) 私はピアノを持っていません。

I _____ _____ a piano.

(3) あなたのお気に入りの色は何ですか。

_____ is your _____ color?

2 次の質問の答えとして，絵に合う英語を，⊥⊥⊥⊥ に書きましょう。(40点) 1つ20

What sport do you like?
(あなたはどんなスポーツが好きですか。)

(1) _____
_____
_____ badminton.

(2) _____
_____
_____

答えは67ページ ☞

自己しょうかいをしよう ③

1 日本文に合う英文になるように，＝＝＝ に適する語を書きましょう。(40点) 1つ20

(1) あなたのたん生日はいつですか。

＿＿＿＿＿＿＿ ＿＿＿＿＿＿＿ your birthday?

(2) 私のたん生日は5月10日です。

＿＿＿＿＿＿＿ ＿＿＿＿＿＿＿ is May 10.

2 絵の人物が話していることを，＝＝＝ に英語で書きましょう。(60点) 1つ20

(1)あなたのたん生日はいつですか。

(2)私のたん生日は8月17日です。

＿＿＿＿＿＿＿ August 17.

(3)私のたん生日は3月4日です。

答えは67ページ

単 語 ③ （文化・伝統）

1 （ ）のアルファベットを並べかえて，絵に合う単語を書きましょう。(40点) 1つ20

(1) 文化

(u, c, t, u, l, e, r)

_____

_____

(2) 祭り

(e, f, v, s, t, a, i, l)

_____

_____

2 絵に合う単語を [　] から選び， [┄┄] に書きましょう。

(60点)　1つ20

(1)　　　　　　(2)　　　　　　(3)

castle　fireworks　temple

2 (1)は「寺」，(3)は「城」だよ。

答えは67ページ

単 語 ④ （日本の行事・味覚）

月　　日

得点

点 ／ 合格 80点

1 絵に合う語句を □ から選び， ⸺ に書きましょう。

（40点）1つ20

(1)

(2)

> Star Festival   Snow Festival

2 絵に合う単語を □ から選び， ⸺ に書きましょう。

（60点）1つ20

(1)

あまい

(2)

苦い

(3)

すっぱい

> bitter   sweet   sour

答えは67ページ☞

月　　日

得点

点 ／ 合格 80点

1 絵に合う日本の行事の名前を ▭ から選び，┄┄ に書き，英文を完成させましょう。(40点) 1つ20

(1) We have _____.

(2) We have _____.

the Snow Festival　the Star Festival

2 日本文に合う英文になるように，┄┄ に適する語を書きましょう。(60点) 1つ30

(1) 日本へようこそ！

_____ _____ Japan!

(2) 夏には，花火があります。

_____ _____ ,

we _____ fireworks.

答えは68ページ ☞

文化をしょうかいしよう ②

1 日本文に合う英文になるように，（　）の中から適する語を選び，＿＿＿に書きましょう。(60点) 1つ20

(1) 日本にはスシがあります。

We ＿＿＿＿＿＿＿ sushi in Japan. (play have)

(2) それはおいしいです。

It's ＿＿＿＿＿＿＿. (interesting delicious)

(3) 日本にはどんな食べ物がありますか。

＿＿＿＿＿＿ food do you have in Japan? (What Where)

2 絵の人物が話していることを，英語で書きましょう。

(40点) 1つ20

(1) 日本には福笑いがあります。

(2) それは楽しいです。

(1) ＿＿＿＿＿＿＿＿＿＿＿＿＿＿ *fukuwarai* in Japan.

(2) ＿＿＿＿＿＿＿＿＿＿＿＿＿＿＿＿＿＿

答えは68ページ

文化をしょうかいしよう ③

月　日

得点

点／合格80点

1 日本文に合う英文になるように，（　）の中から適する語（句）を選び，┈┈ に書きましょう。(40点) 1つ20

(1) あなたのいちばん好きな日本文化は何ですか。

＿＿＿＿＿＿ is your favorite Japanese culture?

(Why　What)

(2) それは七夕です。

It's ＿＿＿＿＿＿＿＿＿＿＿.

(the Star Festival　fireworks)

2 絵の人物が話していることを，[　] の語を使って ┈┈ に英語で書きましょう。(60点) 1つ30

(1)あなたのいちばん好きな食べ物は何ですか。

(2)それはスシです。

(1) ＿＿＿＿＿＿＿＿＿＿＿＿＿ food?

(2) ＿＿＿＿＿＿＿＿＿＿＿＿＿

favorite　sushi　what

14

答えは68ページ

月　日

得点

点／合格 80点

1 日本文に合う英文になるように，_____ に適する語を書きましょう。(60点) 1つ20

(1) 私(わたし)はオーストラリア出身です。

I _____ _____ Australia.

(2) あなたは花見を楽しむことができます。

You _____ _____ *hanami.*

(3) 私は走ることが得意です。

I am _____ _____ running.

2 絵の人物が話していることを，_____ に英語で書きましょう。(40点) 1つ20

(1)あなたはどんなスポーツが好きですか。

(2)私はサッカーが好きです。

(1) _____ like?

(2) _____

答えは68ページ

チャレンジテスト ①

1 次の（　）に入れるのに最も適切なものの番号を１つ
選びましょう。(60点) 1つ20

(1) I like sushi. It's (　　　).

1 exciting　2 soft　3 fun　　　4 delicious

(2) (　　　) food do you have in Japan?

1 What　　2 Why　3 Where　4 When

(3) A: What (　　) do you like?

B: I like science.

1 animal　　2 sport　3 subject　4 festival

2 次の日本文の意味を表すように並べかえたとき，１番
目と３番目にくるものの最も適切な組み合わせの番号
を１つ選びましょう。ただし，文のはじめにくる語も
小文字で書いています。(40点) 1つ20

(1) 私のたん生日は７月13日です。

(① is　② my birthday　③ 13　④ July).

1 ③-④　2 ②-④　3 ①-③　4 ③-②

(2) あなたのいちばん好きな日本文化は何ですか。

(① your　② what　③ favorite　④ is) Japanese
culture?

1 ②-①　2 ①-④　3 ③-④　4 ③-②

答えは69ページ ☞

単 語 ⑤ （人物のしょうかい）

1 絵に合う単語を完成させましょう。うすい部分はなぞりましょう。（40点）1つ20

(1) 有名な

→ fam

(2) すばらしい

→ gr

2 正しい組み合わせになるように, 絵と単語を線で結びましょう。（60点）1つ20

(1)

• racket

(2)

• drum

(3)

• computer

答えは69ページ

人物をしょうかいしよう ①

1 日本文に合う英文になるように，（　）の中から適する語を選び，_____ に書きましょう。(60点) 1つ20

(1) 私（わたし）はバレーボールが好きです。

I _____ volleyball.（play　like）

(2) 私は上手に料理することができます。

I can _____ well.（study　cook）

(3) 私は新しいボールがほしいです。

I _____ a new ball.（want　have）

2 絵の人物になったつもりで，自分ができることを _____ から選んで _____ に書きましょう。(40点) 1つ20

(1) _____

(2) _____

I can play tennis well.　I can sing very well.

答えは69ページ

1 絵と日本文に合う英文になるように, ⬚⬚⬚ にあてはまる単語を右の (a)(b) から１つずつ選んで書きましょう。

（60点）1つ20

(1) 私（わたし）は 🍽 を食べます。

　　(a) _____　　　(b) _____

　I _____　_____.

(2) 私は ⚖ を勉強します。

　　(a) _____　　　(b) _____

　I _____　_____.

(3) 私は上手に ABC を話すことができます。

　　(a) _____　　(b) _____

　I can _____　_____ well.

(a)
study
speak
eat

(b)
science
steak
English

2 絵の人物が話していることを, 英語で書きましょう。

（40点）1つ20

(1) こんにちは ＜ ぼくは日本語を勉強します。

_____
_____
_____

「ダンスする」はdanceで表すよ。

(2) ＜ 私は上手にダンスすることができます。

_____
_____ well.

答えは70ページ ☞

1 日本文に合う英文になるように，（　）の中から適する語を選び，_____ に書きましょう。(60点) 1つ20

(1) かれはだれですか。

_____ is he? (What Who)

(2) かの女は有名です。

She is _____. (favorite famous)

(3) あなたはすばらしいです。

You are _____. (great kind)

2 絵の人物になったつもりで，自分ができることを［　　］から選んで _____ に書きましょう。(40点) 1つ20

(1)

(2)

I can play basketball well.　I can run fast.

答えは70ページ ☞

単 語 ⑥ （し設）

1 絵に合うし設の名前を，線で結びましょう。 （60点）1つ20

(1) 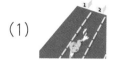 ・

・ stadium

(2)  ・

・ swimming pool

(3)  ・

・ amusement park

2 絵に合うように，□にアルファベットを入れて，単語を完成させましょう。（40点）1つ20

(1) 町

	o		n

(2) 水族館

a		u	a		i		m

答えは70ページ ☞

単　語　⑦　（動作 ❶）

1 絵に合う単語を □ から選び，記号を書きましょう。

（40点）1つ10

(1)

[　　　]

(2)

[　　　]

ア reading
イ jogging
ウ shopping
エ playing

(3)

[　　　]

(4)

[　　　]

2 正しい組み合わせになるように，絵と単語を線で結びましょう。（60点）1つ20

(1) 　•

• singing

(2) 　•

• dancing

(3) 　•

• walking

答えは70ページ ☞

住んでいる町を
しょうかいしよう ①

1 日本文に合う英文になるように，（　）の中から適する
語（句）を選び，_____に書きましょう。(60点) 1つ20

(1) 私たちの町には駅があります。

We _____ stations in our town. (see have)

(2) 私たちの町には水族館がありません。

We _____ an aquarium in our town.

(have don't have)

(3) 私たちは公園でスポーツをすることができます。

We _____ sports in the park. (play can play)

2 絵の人物が話していることを，［　　］の語（句）を使って
_____に英語で書きましょう。(40点) 1つ20

(1) ぼくたちの町には
公園があります。

(2) ぼくたちは花を
見ることができます。

(1) We _____ in our town.

(2) We _____.

flowers　　a park

答えは71ページ

住んでいる町を しょうかいしよう ②

月　日

得点

点 ／合格 80点

1 日本文に合う英文になるように，（　）の中から適する語を選び，_____に書きましょう。(40点) 1つ20

(1) サクラはすてきな町です。

Sakura is a _____ town.（nice　famous）

(2) 私_{わたし}たちは花火を楽しむことができます。

We can _____ fireworks.（play　enjoy）

2 絵の人物が話していることを，_____に英語で書きましょう。(60点) 1つ20

(1)  ミドリ公園は美しい公園です。

Midori Park _____

_____ park.

(2) 私たちはジョギングを楽しめます。

We _____ jogging.

(3) 私たちはつりを楽しめます。

We _____.

答えは71ページ ☞

住んでいる町を しょうかいしよう ③

1 日本文に合う英文になるように，下線部の日本語に注目して，_____に適する語を書きましょう。(60点) 1つ20

(1) 私たちの町には図書館<u>があります</u>。

We _____ a library in our town.

(2) この遊園地にはジェットコースター<u>がありません</u>。

We _____ have a roller coaster in this amusement park.

(3) 私たちの町にはコンビニ<u>はありませんが</u>，スーパーマーケットがあります。

We _____ _____ a convenience store, _____ we have a supermarket in our town.

2 絵の人物が話していることを，_____に英語で書きましょう。(40点) 1つ20

(1) 私たちの町には病院があります。

(2) 私たちの町には書店はありませんが，図書館はあります。

(1) _____ a hospital in our town.

(2) _____,

but we have a library in our town.

答えは71ページ ☞

ブラッシュアップ！ ②

1 日本文に合う英文になるように，_____に適する語を書きましょう。(60点) 1つ20

(1) 私（わたし）は野球をします。

I _____ baseball.

(2) 私は上手に歌うことができます。

I _____ _____ well.

(3) ミナミはすてきな町です。

Minami _____ a _____ town.

2 絵の人物が話していることを，_____に英語で書きましょう。(40点) 1つ20

(1)

> 私たちの町には図書館があります。

_____

in our town.

(2)

> 私たちの町には公園がありません。

_____

in our town.

答えは71ページ ☞

チャレンジテスト ②

1 次の（　）に入れるのに最も適切なものの番号を１つ選びましょう。(60点) 1つ20

（1）A:（　　　）is she?

　　B: She is my mother.

　　1 What　　　2 When　3 Where　　4 Who

（2）A: What do you have in your town?

　　B: We have a（　　　）in our town.

　　1 tennis　　2 pizza　3 stadium　4 town

（3）He is Natsume Soseki. He is（　　　）.

　　1 delicious　2 sour　3 bitter　　4 famous

2 次の日本文の意味を表すように並べかえたとき，１番目と３番目にくるものの最も適切な組み合わせの番号を１つ選びましょう。ただし，文のはじめにくる語も小文字で書いています。(40点) 1つ20

（1）かの女はピアノを上手にひくことができます。

　　（① can　② the piano　③ she　④ play）well.

　　1 ③-②　　2 ③-④　　3 ①-③　　4 ①-②

（2）私は新しいバイオリンがほしいです。

　　（① new violin　② want　③ I　④ a）.

　　1 ②-④　　2 ①-④　　3 ③-①　　4 ③-④

答えは72ページ

まとめテスト ①

1 日本文に合う英文になるように，_____に適する語を書きましょう。（60点）1つ20

(1) かれは上手に英語を話すことができます。

He _____ _____ English well.

(2) 私たちの町には水族館がありません。

We _____ _____ an aquarium in our town.

(3) あなたはどんなお祭りが好きですか。

_____ festival do you _____?

2 絵の人物が話していることを，☐の語（句）を使って_____に英語で書きましょう。（40点）1つ20

(1)あなたのたん生日はいつですか。

(2)私のたん生日は
4月10日です。

(1) _____

(2) _____

birthday　April 10

答えは72ページ

チャレンジテスト ③

月　日

得点

点／合格80点

1 次の（　）に入れるのに最も適切なものの番号を１つ
選びましょう。(60点) 1つ20

(1) A: What (　　) do you play?

B: I play soccer.

1 subject　2 color　3 culture　4 sport

(2) A: What is your (　　) Japanese food?

B: It's *tempura*.

1 many　　2 spicy　3 favorite　4 hard

(3) I can (　　) curry and rice.

1 play　　2 sing　　3 go　　　4 cook

2 次の日本文の意味を表すように並べかえたとき，１番
目と３番目にくるものの最も適切な組み合わせの番号
を１つ選びましょう。ただし，文のはじめにくる語も
小文字で書いています。(40点) 1つ20

(1) 私たちの町には図書館がありません。

（① have　② we　③ a library　④ don't） in our town.

1 ②-④　　2 ①-④　　3 ②-①　　4 ③-②

(2) 私たちは買い物を楽しめます。

（① shopping　② we　③ enjoy　④ can）.

1 ②-①　　2 ④-①　　3 ①-③　　4 ②-③

答えは72ページ☞

1 絵に合う単語を □ から選び, [　] に記号を書きましょう。(60点) 1つ15

(1) はま辺

[　　]

(2) 海

[　　]

ア mountain
イ river
ウ sea
エ beach

(3) 山

[　　]

(4) 川

[　　]

2 ( ) のアルファベットを並べかえて, 絵に合う単語を _____ に書きましょう。(40点) 1つ20

(1) 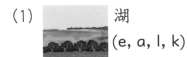 湖
(e, a, l, k)　_____

(2) 森
(e, s, f, r, o, t)　_____

30

答えは73ページ

単 語 ⑨ （動作 ❷）

1 正しい組み合わせになるように，絵と単語を線で結びましょう。（60点）1つ20

(1)  •   • hiking

(2)  •   • camping

(3)  •   • fishing

2 絵に合う動作を表す単語を完成させましょう。うすい部分はなぞりましょう。（40点）1つ20

(1)  ➡

(2) 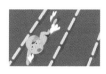 ➡

> shopやswimはpやmを2回続けて書いたあとにingがつくよ。

答えは73ページ ☞

単 語 ⑩ （動詞の過去形）

1 日本語に合う動作を表す単語を完成させましょう。
うすい部分はなぞりましょう。（20点）1つ10

(1) ほしい　　　ほしかった

want ➡ want ☐☐

(2) 住む　　　　住んだ

live ➡ live ☐

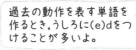 過去の動作を表す単語を
作るとき、うしろに(e)dをつ
けることが多いよ。

2 日本文に合う英文を ☐ から選び，[　]に記号を書
きましょう。（80点）1つ20

(1) 私（わたし）はイヌを<u>見ました</u>。　　　　　　　　　[　　]

(2) 私はジョギングを<u>楽しみました</u>。　　　　　　　[　　]

(3) 私は図書館に<u>行きました</u>。　　　　　　　　　　[　　]

(4) 私はリンゴを<u>食べました</u>。　　　　　　　　　　[　　]

> ア I <u>went</u> to the library.
> イ I <u>saw</u> a dog.
> ウ I <u>ate</u> an apple.
> エ I <u>enjoyed</u> jogging.

夏休みについて話そう ①

1 日本文に合う英文になるように， ____ から選び， _____ に書きましょう。(60点) 1つ20

(1) 私はときどき大阪へ行きます。

I sometimes _____ to Osaka.

(2) 私は祖母の家へ行きました。

I _____ to my grandmother's house.

| was |
| go |
| went |

(3) 楽しかったです。

It _____ fun.

2 絵の人物が話していることを， _____に英語で書きましょう。(40点) 1つ20

(1) 私は祖父母の家へ
行きました。

(2) わくわくしました。

(1) _____ my grandparents' house.

(2) _____

「わくわくする」はexcitingで表すよ。

答えは73ページ

夏休みについて話そう ②

1 日本文に合う英文になるように, （　）の中から適する語を選び, ＿＿＿＿に書きましょう。(60点) 1つ20

(1) 私(わたし)は魚つりをして楽しみました。

I enjoyed ＿＿＿＿＿＿＿＿. (fish fishing)

(2) わくわくします。

It is ＿＿＿＿＿＿＿＿. (exciting excite)

(3) おもしろかったです。

It ＿＿＿＿＿＿ interesting. (is was)

2 絵の人物が話していることを, ＿＿＿＿に英語で書きましょう。(40点) 1つ20

(1) 私はキャンプをして楽しみました。

(2) 楽しかったです。

(1) ＿＿＿＿＿＿＿＿＿＿＿＿＿＿＿＿＿＿＿＿＿＿＿＿＿＿＿

(2) ＿＿＿＿＿＿＿＿＿＿＿＿＿＿＿＿＿＿＿＿＿＿＿＿＿＿＿

答えは73ページ ☞

夏休みについて話そう ③

1 絵を見て，(a)(b)それぞれの ☐ の語（句）を使って，「私（わたし）は〜を見ました。それは…でした。」という文を作りましょう。(60点) 1つ15

(1) かわいかった！

    (a)　I _____ .

    (b)　It _____ .

(2) 大きかった！

    (a)　_____

    (b)　_____

       (a) a panda　a tiger　　　(b) big　cute

2 絵の人物が話していることを，_____ に英語で書きましょう。(40点) 1つ20

(1) 私は北海道（ほっかいどう）で湖を見ました。

(2) 美しかったです。

(1) _____ a lake in Hokkaido.

(2) _____

答えは74ページ

単　語　⑪ （スポーツ）

1 正しい組み合わせになるように，絵と単語を線で結びましょう。（60点）1つ20

(1)   ・ 　　　　　　・ gymnastics

(2)   ・ 　　　　　　・ badminton

(3)   ・ 　　　　　　・ marathon

2 次の単語のグループで，スポーツを表す単語を探して＿＿に書きましょう。（40点）1つ20

(1)
> wheelchair
> basketball
> train

(2)
> station
> racket
> tennis

＿＿＿＿＿＿＿＿＿　　　＿＿＿＿＿＿＿＿＿

答えは74ページ

単　語 ⑫ （国）

1 それぞれの国に合う単語を ☐ から選び，[　] に記号を書きましょう。（40点）1つ10

(1) ベトナム　(2) ノルウェー　(3) アメリカ　(4) カナダ

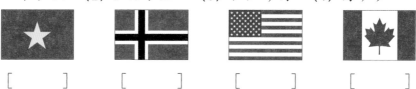

[　　　]　　　[　　　]　　　[　　　]　　　[　　　]

> ア America　イ Vietnam
> ウ Canada　エ Norway

2 それぞれの国を表す単語を完成させましょう。うすい部分はなぞりましょう。（60点）1つ20

(1) 日本

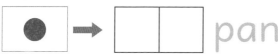 ⇒ ☐☐ pan

(2) マレーシア

 ⇒ ☐☐☐☐ ysia

(3) タイ

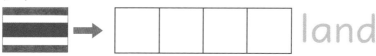 ⇒ ☐☐☐☐ land

答えは74ページ ☞

どんなスポーツを
見たいかたずねよう ①

1 日本文に合う英文になるように，＿＿に適する語を書きましょう。(60点) 1つ20

(1) 私<ruby>私<rt>わたし</rt></ruby>はサッカーが好きです。

I ＿＿＿＿＿＿ ＿＿＿＿＿＿ .

(2) 私はシッティングバレーボールを見たいです。

I want ＿＿＿＿＿＿ ＿＿＿＿＿＿ sitting volleyball.

(3) あなたは何を見たいですか。

＿＿＿＿＿＿ ＿＿＿＿＿＿ you want to watch?

2 絵の人物が話していることを， ▢ の語句を使って ＿＿＿＿に英語で書きましょう。(40点) 1つ20

(1)あなたは何を見たいですか。

(2)私は車いすバスケットボールを見たいです。

(1) ＿＿＿＿＿＿＿＿＿＿＿＿＿＿＿＿＿＿＿＿＿＿＿＿＿＿＿＿＿

(2) ＿＿＿＿＿＿＿＿＿＿＿＿＿＿＿＿＿＿＿＿＿＿＿＿＿＿＿＿＿

(1) want to　(2) wheelchair basketball

答えは74ページ ☞

どんなスポーツを 見たいかたずねよう ②

得点 月 日

点／合格 80点

1 日本文に合う英文になるように，_____ に適する語句を 書きましょう。(60点) 1つ20

(1) かれはサッカーをするのが得意です。

He _____ playing soccer.

(2) かの女はバレーボールをするのが得意です。

She _____ volleyball.

(3) かれは野球をするのが得意です。

He _____ baseball.

2 絵の人物をしょうかいする文を，_____ に英語で書きましょう。(40点) 1つ20

(1)  かの女は泳ぐことが得意です。

_____ swimming.

(2) かれはバスケットボールをするのが 得意です。

_____

_____

答えは75ページ ☞

1 日本文に合う英文になるように，_____に適する語を書きましょう。(60点) 1つ20

(1) あなたはフットボールが得意ですか。

Are you _____ _____ football?

(2) ((1)に答えて)はい，得意です。

Yes, _____ _____ .

(3) ((1)に答えて)いいえ，得意ではありません。

No, _____ _____ .

2 絵に合うように，英語の質問に答えましょう。

(40点) 1つ20

(1)  Are you good at swimming?

_____

(2) Are you good at gymnastics?

_____

Are you good at ～? で
「～は得意ですか」という意味だよ。

答えは75ページ ☞

1 日本文に合う英文になるように，＿＿＿に適する語を書きましょう。(60点) 1つ20

(1) 私(わたし)はオーストラリアに行きました。

I ＿＿＿＿＿＿＿ ＿＿＿＿＿＿＿ Australia.

(2) 楽しかったです。

It ＿＿＿＿＿＿＿ ＿＿＿＿＿＿＿.

(3) かれはバスケットボールをするのが得意です。

He is ＿＿＿＿＿＿＿ ＿＿＿＿＿＿＿ playing basketball.

2 夏休みにしたことを発表する文を，＿＿＿＿＿に英語で書きましょう。(40点) 1つ20

(1)

私は沖縄(おきなわ)でつりを楽しみました。

＿＿＿＿＿＿＿＿＿＿＿＿＿＿＿＿＿＿＿＿

fishing in Okinawa.

(2)

私たちは動物園でトラを見ました。

＿＿＿＿＿＿＿＿＿＿＿＿＿＿＿＿＿＿＿＿

a tiger in the zoo.

答えは75ページ☞

チャレンジテスト ④

1 次の（　）に入れるのに最も適切なものの番号を１つ選びましょう。（60点）1つ20

(1) I (　　　) to Tokyo this summer vacation.

　　1 ate　　2 enjoyed　　3 went　　4 was

(2) I (　　　) gorillas and tigers in the zoo.

　　1 saw　　2 was　　　3 went　　4 ate

(3) I want to (　　　) wheelchair basketball. I like basketball.

　　1 go　　2 walk　　　3 read　　4 watch

2 次の日本文の意味を表すように並べかえたとき，１番目と３番目にくるものの最も適切な組み合わせの番号を１つ選びましょう。ただし，文のはじめにくる語も小文字で書いています。（40点）1つ20

(1) あなたは何を見たいですか。

　　(① do　② what　③ want　④ you) to watch?

　　1 ③-④　　2 ②-④　　3 ①-②　　4 ③-②

(2) かの女はサッカーをするのが得意です。

　　She (① is　② at　③ playing　④ good) soccer.

　　1 ③-②　　2 ①-④　　3 ①-③　　4 ①-②

答えは75ページ☞

単　語 ⑬ （思い出）

1 正しい組み合わせになるように，絵と単語を線で結び
ましょう。（60点）1つ20

(1)  •

• treasure

(2)  •

• souvenir

(3)  •

• memory

treasureは「宝物」，souvenirは「おみやげ」，
memoryは「思い出」という意味だよ。

2 右のカードからアルファベットを選んで単語を完成さ
せましょう。うすい部分はなぞりましょう。（40点）1つ20

(1) 覚えている

r	e		e	m		e	

(2) 忘^{わす}れる

f	o				t

答えは76ページ ☞

単　語 ⑭（行事）

1 絵に合う語句を ▢ から選び, [　] に記号を書きましょう。(60点) 1つ15

(1)

[　　　]

(2)

[　　　]

(3)

[　　　]

(4)

[　　　]

> ア School Trip 　 イ Sports Day
> ウ Music Festival 　 エ Drama Festival

2 絵に合う語句を選んで書きましょう。(40点) 1つ20

(1) 　 Swimming Meet / Field Trip

_____

(2) 　 Entrance Ceremony / Graduation Day

_____

答えは76ページ ☞

思い出を伝えよう ①

1 日本文に合う英文になるように，＿＿に適する語を書きましょう。(60点) 1つ20

(1) あなたのいちばんの思い出は何ですか。

What's ＿＿＿＿＿＿ ＿＿＿＿＿＿ memory?

(2) 私のいちばんの思い出は運動会です。

My ＿＿＿＿＿＿ memory ＿＿＿＿＿＿ from Sports Day.

(3) 私のいちばんの思い出は音楽会です。

My ＿＿＿＿＿＿ memory ＿＿＿＿＿＿ from Music Festival.

2 絵の人物が話していることを，＿＿＿＿に英語で書きましょう。(40点) 1つ20

(1) あなたのいちばんの思い出は何ですか。

(2) 私のいちばんの思い出はボランティアデーです。

(1) ＿＿＿＿＿＿＿＿＿＿＿＿＿＿＿＿＿＿＿＿＿＿＿ memory?

(2) ＿＿＿＿＿＿＿＿＿＿＿＿＿＿＿＿＿＿＿ from Volunteer Day.

答えは76ページ

思い出を伝えよう ②

1 日本文に合う英文になるように, ＿＿に適する語を書きましょう。(40点) 1つ20

(1) 私（わたし）たちは大阪（おおさか）へ行きました。

We ＿＿＿＿＿＿ ＿＿＿＿＿＿ Osaka.

(2) 私たちは日本料理を食べました。

We ＿＿＿＿＿＿ Japanese food.

2 メモの内容に合うように, 小学校の思い出についての文を＿＿＿に書きましょう。(60点) 1つ20

(1) いちばんの思い出は修学旅行だ
(2) 私たちは奈良（なら）に行った
(3) 私たちはパフェを食べた

(1) My ＿＿＿＿＿＿＿＿＿＿＿＿＿＿＿＿＿ from School Trip.

(2) We ＿＿＿＿＿＿＿＿＿＿＿＿＿＿＿＿＿ Nara.

(3) ＿＿＿＿＿＿＿＿＿＿＿＿＿＿＿＿＿ parfait.

答えは76ページ ☞

思い出を伝えよう ③

1 日本文に合う英文になるように，＿＿に適する語を書きましょう。（60点）1つ20

(1) 私たちは泳ぐことを楽しみました。

We ＿＿＿＿＿ swimming.

(2) 私たちは歌うことを楽しみました。

＿＿＿＿＿ ＿＿＿＿＿ singing.

(3) 私たちはたくさんのお寺を見ました。

＿＿＿＿＿ ＿＿＿＿＿ many temples.

2 絵の人物が話していることを，＿＿＿に英語で書きましょう。（40点）1つ20

(1)私は旅行を楽しみました。

＿＿＿＿＿＿＿＿＿ the trip.

(2)私たちはたくさんの動物を見ました。

＿＿＿＿＿＿＿＿＿

many animals.

「～を楽しんだ」はenjoyed ～，
「～を見た」はsaw ～ で表すよ。

答えは76ページ ☞

単　語 ⑮ （職業 ❶）

1 正しい組み合わせになるように，絵と単語を線で結びましょう。（60点）1つ20

(1) 　•

　　　　　　　　　　　　　　　　• cook

(2) 　•

　　　　　　　　　　　　　　　　• astronaut

(3) 　•

　　　　　　　　　　　　　　　　• florist

2 それぞれの□に共通のアルファベットを入れて，職業を表す単語を完成させましょう。（40点）1つ20

(1) 　sing ☐☐

　　　　　　　　　　farm ☐☐

(2) 　art ☐☐☐

　　　　　　　　　　dent ☐☐☐

答えは77ページ ☞

1 絵に関係する職業を ◻ から選び，[　]に記号を書きましょう。（60点）1つ20

(1)  [　][　]

 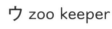

ア doctor
イ pilot
ウ zoo keeper
エ flight attendant
オ fire fighter

(2)  [　][　]

(3) [　]

(1)は飛行機，(2)は動物，(3)は病院に関係する職業だよ。

2 2枚のカードを線で結び，絵に合う職業を表す語句を完成させましょう。（40点）1つ20

(1)

figure　・　　・ driver

(2)

bus　・　　・ skater

1 絵に合うように，□に適する語を書き入れて文を完成させましょう。（60点）1つ20

(1)

それはいいですね。

T_____ good.

(2)

よさそうですね。

S_____ nice.

(3)

がんばってください。

G_____ luck.

2 絵の人物が話していることを，_____に英語で書きましょう。（40点）1つ20

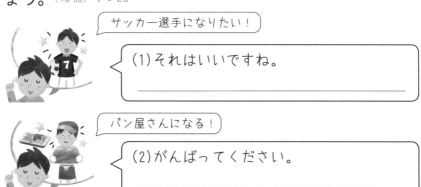

サッカー選手になりたい！

(1) それはいいですね。

_____

パン屋さんになる！

(2) がんばってください。

_____

答えは77ページ ☞

将来の夢・職業 について話そう ①

月　　日

得点

点／合格80点

1 日本文に合う英文になるように，＿＿＿に適する語を書きましょう。(60点) 1つ20

(1) あなたは何になりたいですか。

　＿＿＿＿＿＿ do you ＿＿＿＿＿＿ to be?

(2) 私（わたし）はじゅう医になりたいです。

　I ＿＿＿＿＿＿ to ＿＿＿＿＿＿ a vet.

(3) 私はコメディアンになりたいです。

　I ＿＿＿＿＿＿ ＿＿＿＿＿＿ ＿＿＿＿＿＿ a comedian.

2 絵の人物が話していることを，＿＿＿＿に英語で書きましょう。(40点) 1つ20

(1)あなたは何になりたいですか。

(2)私は医者に なりたいです。

(1) ＿＿＿＿＿＿＿＿＿＿＿＿＿＿＿＿＿＿＿＿＿＿＿ to be?

(2) ＿＿＿＿＿＿＿＿＿＿＿＿＿＿＿＿＿＿＿＿＿＿＿ a doctor.

「～になりたい」はwant to be ～で表すよ。

答えは77ページ ☞

将来の夢・職業について話そう ②

1 絵に合うように，＿＿に適する語を書きましょう。

(60点) 1つ20

(1)

I want to be a cook.

I am ＿＿＿＿＿＿ at cooking.

(2)

I ＿＿＿＿＿＿ to be a vet.

I ＿＿＿＿＿＿ animals.

2 絵の人物が話していることを，＿＿＿に英語で書きましょう。(40点) 1つ20

(1) 私(わたし)は客室乗務員になりたいです。

I ＿＿＿＿＿＿＿＿＿＿＿＿＿＿＿＿＿＿＿＿＿ a flight attendant.

(2) 私は英語を話すことが得意です。

I ＿＿＿＿＿＿＿＿＿＿＿＿＿＿＿＿＿＿＿ speaking English.

答えは77ページ

将来の夢・職業について話そう ③

1 次の対話が成り立つように，□から適する語句を選び，___に書きましょう。(100点) 1つ 20

何になりたい？

パイロット！

A: What (1)_____

_____?

B: I want to (2)_____.

歌手になりたい！
上手に歌うことができる！

I want to (3)_____.

I (4)_____.

歯医者になりたい！

がんばって！

A: I want to be a dentist.

B: (5)_____.

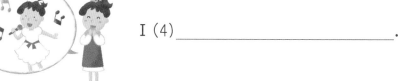

be a singer　　　Good luck

do you want to be

can sing well　　be a pilot

答えは78ページ ☞

単　語　⑱（部活動）

1 絵に合う語句を □ から選び，[　　]に記号を書きましょう。(60点) 1つ15

(1)

[　　　]

(2)

[　　　]

ア soccer team
イ volleyball team
ウ track and field team
エ tennis team

(3)

[　　　]

(4)

[　　　]

2 絵に合うように，□ から適する語を選んで，部活動を表す語句を完成させましょう。(40点) 1つ20

(1)

_____ team

(2)

_____ _____ _____

team　tennis　baseball　table

54

答えは78ページ ☞

1 　２枚のカードを線で結び，絵に合う動作を表す語句を完成させましょう。(60点) 1つ20

(1)

| join | ・ | ・ | many books |

(2)

| read | ・ | ・ | the tennis team |

(3)

| practice | ・ | ・ | soccer |

2 　空白のカードには動作を表す単語が入ります。絵を見て単語を書き入れましょう。(40点) 1つ20

(1) 　たくさんの友だちに会う

　　　_____ many friends

(2) 一生けん命に勉強する

　　　_____ hard

> many friendsは「たくさんの友だち」，hardは「一生けん命に」という意味だよ。

答えは78ページ

1 日本文に合う英文になるように，＿＿に適する語を書きましょう。(60点) 1つ20

(1) 私は野球が好きです。

I ＿＿＿＿＿＿ ＿＿＿＿＿＿.

(2) 私はサッカー部に入りたいです。

I ＿＿＿＿＿ to ＿＿＿＿＿ the soccer team.

(3) あなたは何部に入りたいですか。

＿＿＿＿＿ ＿＿＿＿＿ do you want to join?

2 絵の人物が話していることを，＿＿＿に英語で書きましょう。(40点) 1つ20

(1)あなたは何部に入りたいですか。

(2)私はテニス部に
入りたいです。

(1) ＿＿＿＿＿＿＿＿＿＿＿＿＿＿＿＿＿＿＿ want to join?

(2) ＿＿＿＿＿＿＿＿＿＿＿＿＿＿＿＿＿＿＿＿＿

「〜部に入る」は
join the 〜 teamで表すよ。

答えは78ページ ☞

中学校での目標について話そう ②

1 次の対話が成り立つように，□ から適する語句を選び，____ に書きましょう。(40点) 1つ20

(1) A: _____ do you want to enjoy?

B: I want to enjoy Field Trip.

(2) A: What event do you want to enjoy?

B: I _____

Sports Day.

> want to enjoy　　What event

2 絵の人物が発言していることを，_____ に英語で書きましょう。(60点) 1つ20

(1) あなたは何を楽しみたいですか。

What _____

_____ ?

(2) 私は英語を勉強することを楽しみたいです。

I want to _____
English.

(3) 私は野球部に入りたいです。

I _____
the baseball team.

答えは78ページ ☞

中学校での目標について話そう ③

1 次の対話が成り立つように，□□□ から適する語句を選び，＿＿に書きましょう。(100点) 1つ20

何を楽しみたい？

A: (1)＿＿＿＿＿＿＿＿＿＿＿＿＿＿＿＿
want to enjoy?

水泳部に入りたい！

B: I (2)＿＿＿＿＿＿＿＿＿＿＿＿＿＿＿
the swimming team.

泳ぐの得意？

A: (3)＿＿＿＿＿＿＿＿＿＿＿＿＿＿＿＿
swimming?

うん！

B: (4)＿＿＿＿＿＿＿＿＿＿＿＿＿＿＿＿.

いいね！

A: (5)＿＿＿＿＿＿＿＿＿＿＿＿＿＿＿＿.

> want to join　　That's good　　Yes, I am
> Are you good at　　What do you

答えは79ページ ☞

ブラッシュアップ！④

1 日本文に合う英文になるように，＿＿に適する語を書きましょう。(40点) 1つ20

(1) 私(わたし)のいちばんの思い出は修学旅行です。

My ＿＿＿＿＿＿＿ ＿＿＿＿＿＿＿＿ is from School Trip.

(2) 私は宇宙(うちゅう)飛行士になりたいです。

I want ＿＿＿＿＿＿＿ ＿＿＿＿＿＿＿ an astronaut.

2 日本文に合うように，絵の人物が話していることを＿＿に書きましょう。(60点) 1つ20

(1) あなたは何を楽しみたいですか。

What ＿＿＿＿＿＿＿＿＿＿＿＿＿＿＿＿＿

＿＿＿＿＿＿＿＿＿＿＿＿＿？

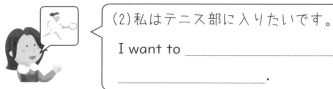

(2) 私はテニス部に入りたいです。

I want to ＿＿＿＿＿＿＿＿＿＿＿＿＿

＿＿＿＿＿＿＿＿＿＿＿．

(3) 私は友だちをたくさん作りたいです。

I want to ＿＿＿＿＿＿＿＿＿＿＿＿＿

＿＿＿＿＿＿＿＿＿＿＿．

答えは79ページ ☞

チャレンジテスト ⑤

1 次の（　）に入れるのに最も適切なものの番号を１つ選びましょう。（60点）1つ20

(1) A: What's your best memory?

B: (　　) best memory is from Sports Day.

1 I　　2 My　　3 Me　　4 He

(2) A: What (　　) do you want to join?

B: I want to join the basketball team.

1 club　2 food　3 animal　4 subject

(3) A: I want to be an English teacher.

B: That's good. (　　).

1 You're welcome　2 Sorry　3 Good luck　4 Good night

2 次の日本文の意味を表すように並べかえたとき，１番目と３番目にくるものの最も適切な組み合わせの番号を１つ選びましょう。ただし，文のはじめにくる語も小文字で書いています。（40点）1つ20

(1) 私たちは大阪に行きました。

（① to　② we　③ Osaka　④ went）.

1 ②-①　2 ①-④　3 ②-③　4 ④-②

(2) あなたは何になりたいですか。

What（① to　② be　③ want　④ do you）?

1 ③-④　2 ②-④　3 ①-③　4 ④-①

答えは79ページ ☞

まとめテスト ②

1 日本文に合う英文になるように，＿＿に適する語を書きましょう。(60点) 1つ20

(1) 私は北海道でつりを楽しみました。

I ＿＿＿＿＿＿ ＿＿＿＿＿＿ in Hokkaido.

(2) 私はサッカー部に入りたいです。

I want ＿＿＿＿＿＿ ＿＿＿＿＿＿ the soccer team.

(3) 私はピザを食べました。

＿＿＿＿＿＿ ＿＿＿＿＿＿ pizza.

2 メモの内容に合うように，友だちをしょうかいする文を＿＿＿に書きましょう。(40点) 1つ20

> (1)サッカーをするのが上手
> (2)英語を話すことができる

(1) He ＿＿＿＿＿＿＿＿＿＿＿＿＿＿＿＿＿＿＿ playing soccer.

(2) He ＿＿＿＿＿＿＿＿＿＿＿＿＿＿＿＿＿ English.

答えは80ページ

チャレンジテスト ⑥

1 次の（　）に入れるのに最も適切なものの番号を１つ
選びましょう。（60点）1つ20

(1) I (　　) a beautiful river.

　　1 went　　2 ate　　3 was　　4 saw

(2) A: What sport do you want to watch?

　　B: I want to watch (　　).

　　1 rackets　2 dogs　3 summer　4 baseball

(3) A: (　　) do you want to be?

　　B: I want to be a zoo keeper.

　　1 Who　　2 What　3 Where　4 Why

2 次の日本文の意味を表すように並べかえたとき，１番
目と３番目にくるものの最も適切な組み合わせの番号
を１つ選びましょう。ただし，文のはじめにくる語も
小文字で書いています。（40点）1つ20

(1) 私は祖父母の家に行きました。

　　I (① my　② to　③ grandparents' house　④ went).

　　1 ③-④　　2 ④-①　　3 ①-③　　4 ③-②

(2) 私のいちばんの思い出は音楽会です。

　　(① is　② my　③ memory　④ best) from Music
Festival.

　　1 ④-②　　2 ①-④　　3 ③-②　　4 ②-③

答えは80ページ ☞

チャレンジテスト ⑦

1 次の（　）に入れるのに最も適切なものの番号を１つ
選びましょう。(60点) 1つ20

（1）A: What do you want to enjoy?

B: I want to enjoy（　　）many books.

1 singing　2 doing　3 playing　4 reading

（2）A: What's your favorite Japanese（　　）?

B: It's *hanami*.

1 sport　2 food　3 subject　4 culture

（3）A: Are you good at playing tennis?

B: Yes,（　　）.

1 I do　　2 I don't　3 I am　　4 I'm not

2 次の日本文の意味を表すように並べかえたとき，１番
目と３番目にくるものの最も適切な組み合わせの番号
を１つ選びましょう。ただし，文のはじめにくる語も
小文字で書いています。(40点) 1つ20

（1）キタノはすてきな町です。

Kitano（① nice　② a　③ is　④ town）.

1 ③-①　2 ①-④　3 ①-③　4 ③-④

（2）あなたは何になりたいですか。

（① do you　② what　③ be　④ want to）?

1 ③-④　2 ①-④　3 ①-②　4 ②-④

答えは80ページ

チャレンジテスト ⑧

1 次の（　）に入れるのに最も適切なものの番号を１つ
選びましょう。(60点) 1つ20

(1) A: When is your （　　）?

　　B: It's May 5.

　　1 memory　2 birthday　3 sport　4 town

(2) I （　　）curry and rice in that restaurant.

　　1 was　　　2 played　　3 ate　　4 went

(3) A: （　　）do you want to do in Japan?

　　B: I want to go to Kyoto.

　　1 How　　　2 Why　　　3 When　4 What

2 次の日本文の意味を表すように並べかえたとき，１番
目と３番目にくるものの最も適切な組み合わせの番号
を１つ選びましょう。ただし，文のはじめにくる語も
小文字で書いています。(40点) 1つ20

(1) かれはすばらしいサッカー選手です。

　　(① great　② he　③ a　④ is) soccer player.

　　1 ②-④　　2 ①-④　　3 ①-③　　4 ②-③

(2) あの歌手はだれですか。

　　(① is　② who　③ singer　④ that)?

　　1 ③-④　　2 ②-④　　3 ②-③　　4 ③-②

答えは80ページ☞

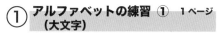

答え
英語6年

① アルファベットの練習 ① 1ページ
（大文字）

1 (1) B　(2) F

(3) K , M　(4) Q , S

2 (1) D　(2) H

(3) J　(4) T

≫考え方 アルファベットは声に出して読みながら順番を覚えましょう。アルファベットの順番がわからなくなったら、Aから順番に声に出してみましょう。なお、大文字は、A, B, C, D, E, F, G, H, I, J, K, L, M, N, O, P, Q, R, S, T, U, V, W, X, Y, Z と表します。

② アルファベットの練習 ② 2ページ
（大文字）

1

(1) ＄UN → SUN

(2) ΣOO → ZOO

2

(1) COW

(2) GIRL

(3) NOSE

≫考え方 **1** ＄は S, Σ は Z に直しましょう。また、SUN は「太陽」、ZOO は「動物園」という意味です。

2 (1)は「ウシ」COW, (2)は「女の子」GIRL, (3)は「鼻」NOSE を表しています。

③ アルファベットの練習 ③ 3ページ
（小文字）

1 (1) b　(2) e

(3) l , n　(4) o , q

2 (1) g　(2) k

(3) t　(4) y

(5) i　(6) r

≫考え方 大文字と小文字のちがいをしっかり確認しましょう。小文字は、a, b, c, d, e, f, g, h, i, j, k, l, m, n, o, p, q, r, s, t, u, v, w, x, y, z と表します。

④ アルファベットの練習 ④ 4ページ
（小文字）

1 (1) d　(2) p

2

k	l	m	k	l	m	n	o	k	n
l	k	l	m	n	k	o	o	l	m
m	o	l	k	l	m	n	o	l	m
o	k	n	m	k	l	n	k	n	n
n	m	n	o	n	k	m	n	o	n
(例) k	l	m	n	o	o	l	m	l	m

≫≫考え方 **1** (1)は bed「ベッド」→ d̲esk「机(つくえ)」という意味です。(2)は cup「カップ」→ pen「ペン」という意味です。b は d,p は q と形が似ているので注意しましょう。

2 k から o までのアルファベットの順番は k → l → m → n → o です。特に m と n の順番をまちがえないようにしましょう。

⑤ **単　語 ①（教科）**　　5 ページ

1 (1) music　(2) English

2

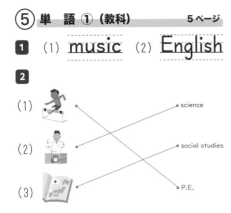

(1) ━━━━━━━━━ science

(2) ━━━━━━━━━ social studies

(3) ━━━━━━━━━ P.E.

≫≫考え方 **1**「音楽」は music,「英語」は English で表します。English は大文字で始めることに注意しましょう。ほかにも人の名前や国の名前,地名などは大文字で始めるので覚えておきましょう。

2 science は「理科」, social studies は「社会」, P.E. は「体育」という意味です。

⑥ **単　語 ②（月・日）**　　6 ページ

1

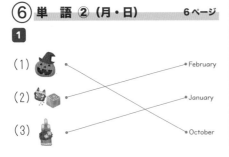

(1) ━━━━━━━━━ February

(2) ━━━━━━━━━ January

(3) ━━━━━━━━━ October

2 (1) (A)pr(il)

(2) (De)c(e)mb(er)

≫≫考え方 **1** February は「2月」, January は「1月」, October は「10月」という意味です。

2 April は「4月」, December は「12月」という意味です。月の名前は1月から12月まで順番に言ったり書いたりできるように練習しましょう。1月から12月は順番に, January, February, March, April, May, June, July, August, September, October, November, December と表します。声に出して読んだり,書く練習をして覚えましょう。

⑦ **自己しょうかいをしよう ①** 7 ページ

1 (1) like

(2) at

2 (1) My name

(2) I'm[I am] from

(3) I can play

≫≫考え方 **1**「～が好き」は like ～,「～が得意である」は be good at ～で表します。be は am, is, are のもとの形です。主語が I のときは am, He や She などのときは is, You などのときは are を使います。

2「私(わたし)の名前」は My name,「～の出身である」は be from ～,「～できる」は can ～で表します。from のあとに国の名前や地名が入ります。

⑧ 自己しょうかいをしよう ② 8ページ

1 (1) <u>like</u>

(2) <u>don't　have</u>

(3) <u>What , favorite</u>

2 (1) <u>I like</u>

(2) <u>I like soccer.</u>

》》考え方 1「〜が好き」は like 〜，「〜を持っていない」は don't have 〜，「何」は what，「お気に入りの」は favorite で表します。don't は do not の短縮形です。
2 What sport do you like? は「あなたはどんなスポーツが好きですか。」という意味です。答えるときは I like のあとにスポーツの名前を続けましょう。

⑨ 自己しょうかいをしよう ③ 9ページ

1 (1) <u>When　is</u>

(2) <u>My　birthday</u>

2 (1) <u>When is your birthday?</u>

(2) <u>My birthday is</u>

(3) <u>My birthday is March 4.</u>

》》考え方 1「あなたのたん生日はいつですか。」は When is your birthday? で表します。答えるときは，「私のたん生日は〜です。」My birthday is 〜. で答えます。is のあとに自分のたん生日を〈月〉→〈日〉の順番で続けましょう。

⑩ 単　語 ③（文化・伝統）10ページ

1 (1) <u>culture</u>

(2) <u>festival</u>

2 (1) <u>temple</u>

(2) <u>fireworks</u>

(3) <u>castle</u>

》》考え方 1「文化」は culture，「祭り」は festival で表します。
2 castle は「城」，fireworks は「花火」，temple は「寺」という意味です。

⑪ 単　語 ④（日本の行事・味覚）11ページ

1 (1) <u>Snow Festival</u>

(2) <u>Star Festival</u>

2 (1) <u>sweet</u> (2) <u>bitter</u>

(3) <u>sour</u>

》》考え方 1 Star Festival は「七夕」，Snow Festival は「雪祭り」という意味です。
2「あまい」は sweet，「苦い」は bitter，「すっぱい」は sour で表します。味を表すことばにはほかにも，salty「塩気のある」や spicy「ぴりっとした」などがあります。

答え

⑫ 文化をしょうかいしよう ① 12ページ

1 (1) the Star Festival

(2) the Snow Festival

2 (1) Welcome to

(2) In summer , have

》》考え方 **1**「〜があります」は We have の
あとに行事の名前を続けます。the Star
Festival は「七夕」，the Snow Festival は
「雪祭り」という意味です。
2「〜へようこそ。」は Welcome to 〜. で
表します。「〜(季節)には」は in 〜で表し
ます。「春」は spring，「夏」は summer，「秋」
は fall[autumn]，「冬」は winter で表し
ます。

⑬ 文化をしょうかいしよう ② 13ページ

1 (1) have

(2) delicious

(3) What

2 (1) We have

(2) It's[It is] fun.

》》考え方 **1**「〜があります」は「〜を持っ
ています」と考えて have 〜で表します。
「おいしい」は delicious で表します。「ど
んな食べ物」は What food を最初に置い
て表します。
2「日本には〜があります。」は We have
〜 in Japan. で表します。「それは〜です。」
は It is[It's] 〜.，「楽しい」は fun で表し
ます。

⑭ 文化をしょうかいしよう ③ 14ページ

1 (1) What

(2) the Star Festival

2 (1) What is your favorite

(2) It's[It is] sushi.

》》考え方 **1**「あなたのいちばん好きな〜は
何ですか。」は What is your favorite 〜?
で表します。the Star Festival は「七夕」，
fireworks は「花火」という意味です。
2「あなたのいちばん好きな食べ物は何で
すか。」は What is your favorite food? で
表します。

⑮ ブラッシュアップ！ ① 15ページ

1 (1) am from

(2) can enjoy

(3) good at

2 (1) What sport(s) do you

(2) I like soccer.

》》考え方 **1**「〜の出身である」は be from
〜，「〜を楽しむことができる」は can
enjoy 〜，「〜することが得意である」は
be good at 〜で表します。
2「あなたはどんなスポーツが好きです
か。」は What sport(s) do you like? で表
します。「私は〜が好きです。」は I like 〜.，
「サッカー」は soccer で表します。

⑯ チャレンジテスト ①　　16ページ

1　(1)　4　　(2)　1　　(3)　3

2　(1)　2　　(2)　1

≫考え方 **1** (1)「私はスシが好きです。それはおいしいです。」という意味です。It「それは」は直前の sushi「スシ」のことを示しています。exciting「わくわくする」，soft「やわらかい」，fun「楽しいこと」，delicious「おいしい」という意味です。

(2)「日本にはどんな食べ物がありますか。」という意味です。What「何」，Why「なぜ」，Where「どこ」，When「いつ」という意味です。(3)A:「あなたはどんな教科が好きですか。」B:「私は理科が好きです。」という意味です。B が「私は理科が好きです。」と答えていることに注目しましょう。animal「動物」，sport「スポーツ」，subject「教科」，festival「祭り」という意味です。

2 (1)「私のたん生日は〜です。」は My birthday is 〜. で表します。(2)「あなたのいちばん好きな〜は何ですか。」は What is your favorite 〜? で表します。

⑰ 単　語 ⑤（人物のしょうかい）17ページ

1　(1)　(fam)ous

　　(2)　(gr)eat

2

(1)　　●　　　● racket

(2)　●　　　● drum

(3)　●　　　● computer

≫考え方 **1**「有名な」は famous，「すばらしい」は great で表します。

2 racket は「ラケット」，drum は「たいこ」，computer は「コンピュータ」という意味です。

⑱ 人物をしょうかいしよう ① 18ページ

1　(1)　like　　(2)　cook

　　(3)　want

2　(1)　I can sing very well.

　　(2)　I can play tennis well.

≫考え方 **1**「〜が好き」は like 〜，「〜することができる」は can 〜，「〜がほしい」は want 〜で表します。

2 I can sing very well. は「私はとても上手に歌うことができます。」，I can play tennis well. は「私は上手にテニスをすることができます。」という意味です。

答え

⑲ 人物をしょうかいしよう ② 19 ページ

1 (1)(a) eat (b) steak
　(2)(a) study (b) science
　(3)(a) speak (b) English

2 (1) I study Japanese.
　(2) I can dance

≫考え方 1 study は「勉強する」, speak は「話す」, eat は「食べる」, science は「理科」, steak は「ステーキ」, English は「英語」という意味です。
2 (1)「私は〜を勉強します。」は I study 〜., 「日本語」は Japanese で表します。Japanese は大文字から始まることに注意しましょう。(2)「私は〜することができます。」は I can 〜., 「ダンスする」は dance で表します。

⑳ 人物をしょうかいしよう ③ 20 ページ

1 (1) Who (2) famous
　(3) great

2 (1) I can play
　　 basketball well.
　(2) I can run fast.

≫考え方 1 what は「何」, who は「だれ」, favorite は「いちばん好きな」, famous は「有名な」, great は「すばらしい」, kind は「親切な」という意味です。

2 I can play basketball well. は「私は上手にバスケットボールをすることができます。」, I can run fast. は「私は速く走ることができます。」という意味です。

㉑ 単　語 ⑥ (し設) 21 ページ

1

(1)
(2)
(3)

- stadium
- swimming pool
- amusement park

2 (1) t(o)w(n)
　(2) (a)q(ua)r(i)u(m)

≫考え方 1 stadium は「競技場」, swimming pool は「プール」, amusement park は「遊園地」という意味です。
2「町」は town, 「水族館」は aquarium で表します。

㉒ 単　語 ⑦ (動作❶) 22 ページ

1 (1)イ (2)ウ (3)ア (4)エ

2

(1)
(2)
(3)

- singing
- dancing
- walking

≫考え方 1 reading は「読むこと」, jogging は「ジョギングをすること」, shopping は「買い物をすること」, playing は「(スポーツなど)をプレイする/遊ぶこと」という意味です。
2 singing は「歌うこと」, dancing は「おどること」, walking は「歩くこと」という意味です。

㉓ 住んでいる町を しょうかいしよう ①

1 (1) have　　(2) don't have
　　(3) can play
2 (1) have a park
　　(2) can see flowers

》》考え方 **1**「私たちの町には〜があります。」は We have 〜 in our town.,「私たちの町には〜がありません。」は We don't [do not] have 〜 in our town. で表します。
2「私たちの町には〜があります。」は We have 〜 in our town.,「公園」は park で表します。「私たちは〜を見ることができます。」は We can see 〜.,「花」は flower で表します。

㉔ 住んでいる町を しょうかいしよう ②

1 (1) nice　　(2) enjoy
2 (1) is a beautiful
　　(2) can enjoy
　　(3) can enjoy fishing

》》考え方 **1** nice は「すてきな」, famous は「有名な」, play は「〜をする」, enjoy 〜は「〜を楽しむ」という意味です。
2「美しい」は beautiful,「〜を楽しめる」は can enjoy 〜,「つり」は fishing で表します。

㉕ 住んでいる町を しょうかいしよう ③

1 (1) have　　(2) don't
　　(3) don't have, but

2 (1) We have
　　(2) We don't [do not] have a bookstore

》》考え方 **1**「〜があります。」は We have 〜.,「〜がありません。」は We don't have 〜. で表します。
2「私たちの町には〜があります。」は We have 〜 in our town.,「私たちの町には〜がありません。」は We don't [do not] have 〜 in our town.,「書店」は bookstore で表します。「〜だが」は but で表します。ここでの but は前の文と後ろの文をつなぐ役割をしています。

㉖ ブラッシュアップ！②

1 (1) play　　(2) can sing
　　(3) is, nice
2 (1) We have a library
　　(2) We don't [do not] have a park

》》考え方 **1**「(スポーツ)をする」は play 〜,「〜することができる」は can 〜,「すてきな」は nice で表します。
2「私たちの町には〜があります。」は We have 〜 in our town.,「図書館」は library,「私たちの町には〜がありません。」は We don't [do not] have 〜 in our town.,「公園」は park で表します。

㉗ チャレンジテスト ② 27ページ

1 (1) 4 (2) 3 (3) 4

2 (1) 2 (2) 4

》》考え方 **1** (1)A:「かの女はだれですか。」B:「かの女は私の母です。」という意味です。Bが「かの女は私の母です。」と答えていることに注目しましょう。What「何」,When「いつ」,Where「どこ」,Who「だれ」という意味です。(2)A:「あなたの町には何がありますか。」B:「私たちの町には競技場があります。」という意味です。「町にあるもの」を答えるので stadium「競技場」が適切です。tennis「テニス」,pizza「ピザ」,stadium「競技場」,town「町」という意味です。(3)「かれは夏目漱石です。かれは有名です。」という意味です。He「彼は」は夏目漱石のことを示しているので,famous「有名な」が適切です。delicious「おいしい」,sour「すっぱい」,bitter「苦い」,famous「有名な」という意味です。
2 (1)「上手に〜できる」は can 〜 well で表します。(2)「〜がほしい」は want 〜 で表します。

㉘ まとめテスト ① 28ページ

1 (1) can speak

(2) don't have

(3) What, like

2 (1) When is your birthday?

(2) My birthday is April 10.

》》考え方 **1** (1)「上手に〜できる」は can 〜 well,「〜を話す」は speak 〜 で表します。(2)「私たちの町には〜がありません。」は We don't [do not] have 〜 in our town. で表します。(3)「あなたはどんなお祭りが好きですか。」は What festival do you like? で表します。

2 「あなたのたん生日はいつですか。」は When is your birthday?,「私のたん生日は〜です。」は My birthday is 〜. で表します。

㉙ チャレンジテスト ③ 29ページ

1 (1) 4 (2) 3 (3) 4

2 (1) 3 (2) 4

》》考え方 **1** (1)A:「あなたはどんなスポーツをしますか。」B:「私はサッカーをします。」という意味です。Bが「私はサッカーをします。」と答えていることに注目しましょう。subject「教科」,color「色」,culture「文化」,sport「スポーツ」という意味です。(2)A:「あなたのいちばん好きな日本の食べ物は何ですか。」B:「それは天ぷらです。」という意味です。many「たくさんの」,spicy「ぴりっとした」,favorite「お気に入りの」,hard「大変な」という意味です。(3)「私はカレーライスを料理することができます。」という意味です。あとに curry and rice「カレーライス」が続くことに注目しましょう。play「〜をする」,sing「〜を歌う」,go「行く」,cook「〜を料理する」という意味です。
2 (1)「私たちの町には〜がありません。」は We don't [do not] have 〜 in our town. で表します。(2)「買い物を楽しむ」は enjoy shopping で表します。

㉚ 単　語 ⑧（自然）　30ページ

1　（1）エ　　（2）ウ
　　（3）ア　　（4）イ

2　（1）lake　　（2）forest

》》考え方 **1** mountain は「山」, river は「川」, sea は「海」, beach は「はま辺」という意味です。
2「湖」は lake,「森」は forest で表します。

㉛ 単　語 ⑨（動作❷）　31ページ

1

（1）〔イラスト〕●───────●hiking

（2）〔イラスト〕●───────●camping

（3）〔イラスト〕●───────●fishing

2　（1）(shop)ping
　　（2）(swim)ming

》》考え方 **1** hiking は「ハイキングをすること」, camping は「キャンプをすること」, fishing は「つりをすること」という意味です。
2 shopping や swimming は p や m が２回続くことに気をつけましょう。

㉜ 単　語 ⑩（動詞の過去形）　32ページ

1　（1）(want)ed　　（2）(live)d

2　（1）イ　　（2）エ
　　（3）ア　　（4）ウ

》》考え方 **1** 過去のことを言うときには動作を表す単語の語尾に (e)d をつけることが多いです。live のように e で終わる単語は d だけをつけるので気をつけましょう。
2 went「行った」, saw「～を見た」, ate「～を食べた」など不規則に変化する単語は覚えましょう。

㉝ 夏休みについて話そう ①　33ページ

1　（1）go　　（2）went
　　（3）was

2　（1）I went to
　　（2）It was exciting.

》》考え方 **1**「～へ行く」は go to ～,「～へ行った」は went to ～,「それは～でした。」は It was ～. で表します。went は go の過去形です。
2「～へ行った」は went to ～,「わくわくする」は exciting で表します。

㉞ 夏休みについて話そう ②　34ページ

1　（1）fishing　　（2）exciting
　　（3）was

2　（1）I enjoyed camping.
　　（2）It was fun.

》》考え方 **1** enjoy のあとに動作を表す単語がくるとき, 語尾に ing がつくことに注意しましょう。
2（1）「～を楽しむ」は enjoy ～,「キャンプ」は camping で表します。「楽しかったです。」は It was fun. で表します。

㉟ 夏休みについて話そう ③　35ページ

1 (1)(a) saw a panda

(b) was cute

(2)(a) I saw a tiger.

(b) It was big.

2 (1) I saw

(2) It was beautiful.

》考え方 **1**「～を見た」は saw ～,「それは～でした。」は It was ～. で表します。panda は「パンダ」, tiger は「トラ」, big は「大きい」, cute は「かわいい」という意味です。

2「～を見た」は saw ～,「美しかったです。」は It was beautiful. で表します。

㊱ 単　語 ⑪（スポーツ）　36ページ

1

(1)  ・――・ gymnastics

(2)  ・――・ badminton

(3)  ・――・ marathon

2 (1) basketball　(2) tennis

》考え方 **1** gymnastics は「体操（たいそう）」, badminton は「バドミントン」, marathon は「マラソン」という意味です。

2 wheelchair は「車いす」, basketball は「バスケットボール」, train は「電車」, station は「駅」, racket は「ラケット」, tennis は「テニス」という意味です。

㊲ 単　語 ⑫（国）　37ページ

1 (1) イ　(2) エ

(3) ア　(4) ウ

2 (1) Ja(pan)

(2) Mala(ysia)

(3) Thai(land)

》考え方 **1** America は「アメリカ」, Vietnam は「ベトナム」, Canada は「カナダ」, Norway は「ノルウェー」という意味です。

2「日本」は Japan,「マレーシア」は Malaysia,「タイ」は Thailand で表します。

㊳ どんなスポーツを見たいかたずねよう ①　38ページ

1 (1) like soccer

(2) to watch　(3) What do

2 (1) What do you want to watch?

(2) I want to watch wheelchair basketball.

》考え方 **1**「～が好き」は like ～,「サッカー」は soccer,「～を見たい」は want to watch ～,「あなたは何を～したいですか。」は What do you want to ～? で表します。

2「あなたは何を見たいですか。」は What do you want to watch?,「私（わたし）は～を見たいです。」は I want to watch ～.,「車いすバスケットボール」は wheelchair basketball で表します。動いているものを見るときには watch を使うことが多いです。

㊴ どんなスポーツを 39ページ
見たいかたずねよう ②

1 (1) is good at

(2) is good at playing

(3) is good at playing

2 (1) She is[She's] good at

(2) He is[He's] good at playing

basketball.

≫考え方 **1**「〜するのが得意である」は be good at playing 〜で表します。

㊵ どんなスポーツを 40ページ
見たいかたずねよう ③

1 (1) good at

(2) I am

(3) I'm not

2 (1) No, I'm[I am] not.

(2) Yes, I am.

≫考え方 **1**「あなたは〜が得意ですか。」は Are you good at 〜? で表します。「はい」の場合は, Yes, I am.「はい, 得意です。」と答え,「いいえ」の場合は No, I'm[I am] not.「いいえ, 得意ではありません。」と答えます。

2 Are you good at swimming? は「あなたは水泳が得意ですか。」, Are you good at gymnastics? は「あなたは体操(たいそう)が得意ですか。」という意味です。

㊶ ブラッシュアップ！③ 41ページ

1 (1) went to (2) was fun

(3) good at

2 (1) I enjoyed

(2) We saw

≫考え方 **1**「〜に行った」は went to 〜,「楽しかったです。」は It was fun.,「〜するのが得意である」は be good at playing 〜で表します。

2「〜を楽しんだ」は enjoyed,「〜を見た」は saw で表します。

㊷ チャレンジテスト④ 42ページ

1 (1) 3 (2) 1 (3) 4

2 (1) 2 (2) 4

≫考え方 **1**(1)「私(わたし)はこの夏休みに東京へ行きました。」という意味です。あとに to Tokyo「東京へ」が続くことに注目しましょう。went to 〜で「〜へ行った」という意味です。to のあとには場所を表す語が続きます。ate「〜を食べた」, enjoyed「〜を楽しんだ」, went「行った」, was「〜だった」という意味です。(2)「私は動物園でゴリラとトラを見ました。」という意味です。saw「〜を見た」, was「〜だった」, went「行った」, ate「〜を食べた」という意味です。(3)「私は車いすバスケットボールを見たいです。私はバスケットボールが好きです。」という意味です。あとに wheelchair basketball「車いすバスケットボール」が続くことに注目しましょう。go「行く」, walk「歩く」, read「〜を読む」, watch「〜を見る」という意味です。

2(1)「あなたは何を見たいですか。」は What do you want to watch? で表します。(2)「〜が得意である」は be good at 〜で表します。

㊸ 単 語 ⑬ （思い出） 　　43 ページ

1

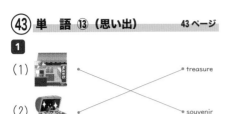

(1) ● ────────── ● treasure

(2) ● ────────── ● souvenir

(3) ● ────────── ● memory

2 (1) (re)m(em)b(e)r

(2) (fo)rge(t)

≫考え方 **1** treasure は「宝物」, souvenir は「おみやげ」, memory は「思い出」という意味です。

2「覚えている」は remember,「忘れる」は forget で表します。

㊹ 単 語 ⑭ （行事） 　　44 ページ

1 (1) ア 　　(2) ウ

(3) イ 　　(4) エ

2 (1) Swimming Meet

(2) Graduation Day

≫考え方 **1** School Trip は「修学旅行」, Sports Day は「運動会」, Music Festival は「音楽会」, Drama Festival は「学芸会」という意味です。

2 Swimming Meet は「水泳大会」, Field Trip は「遠足」, Entrance Ceremony は「入学式」, Graduation Day は「卒業の日」という意味です。

㊺ 思い出を伝えよう ① 　　45 ページ

1 (1) your best

(2) best, is

(3) best, is

2 (1) What's[What is] your best

(2) My best memory is

≫考え方「あなたのいちばんの思い出は何ですか。」は What's your best memory?,「私（わたし）のいちばんの思い出は～です。」は My best memory is from ～. で表します。

㊻ 思い出を伝えよう ② 　　46 ページ

1 (1) went to 　　(2) ate

2 (1) best memory is

(2) went to 　　(3) We ate

≫考え方 **1**「～へ行った」は went to ～,「～を食べた」は ate ～で表します。

2「私のいちばんの思い出は～です。」は My best memory is from ～. で表します。思い出について述べるときには動作を表す単語は過去の形にしましょう。

㊼ 思い出を伝えよう ③ 　　47 ページ

1 (1) enjoyed 　　(2) We enjoyed

(3) We saw

2 (1) I enjoyed 　　(2) We saw

≫考え方「～を楽しんだ」は enjoyed ～,「～を見た」は saw ～で表します。

㊽ 単　語 ⑮ (職業❶)　　48 ページ

1

(1) ─── cook
(2) ─── astronaut
(3) ─── florist

2 (1)(sing)er　(farm)er
　　(2)(art)ist　(dent)ist

≫考え方 **1** cook は「料理人」，astronaut は「宇宙飛行士」，florist は「花屋さん」という意味です。
2「歌手」は singer，「農家」は farmer，「芸術家」は artist，「歯医者」は dentist で表します。

㊾ 単　語 ⑯ (職業❷)　　49 ページ

1 (1)イ，エ　(2)ウ，オ
　　(3)ア

2 (1)figure skater
　　(2)bus driver

≫考え方 **1** doctor は「医者」，pilot は「パイロット」，zoo keeper は「動物園の飼育員」，flight attendant は「客室乗務員」，fire fighter は「消防士」という意味です。
2「フィギュアスケーター」は figure skater，「バスの運転手」は bus driver で表します。

㊿ 単　語 ⑰ (賛同・応援)　　50 ページ

1 (1)(T)hat's[(T)hat is]
　　(2)(S)ounds
　　(3)(G)ood

2 (1)That's[That is] good.
　　(2)Good luck.

≫考え方 That's good. は「それはいいですね。」，Sounds nice. は「よさそうですね。」，Good luck. は「がんばってください。」という意味です。

51 将来の夢・職業について話そう① 51 ページ

1 (1)What, want
　　(2)want, be
　　(3)want to be

2 (1)What do you want
　　(2)I want to be

≫考え方「あなたは何になりたいですか。」は What do you want to be?，「私は〜になりたいです。」は I want to be 〜. で表します。

52 将来の夢・職業について話そう② 52 ページ

1 (1)good　(2)want, like

2 (1)want to be
　　(2)am good at

≫考え方 **1** (1)「私は料理人になりたいです。私は料理が得意です。」という意味です。
(2)「私はじゅう医になりたいです。私は動物が好きです。」という意味です。
2「〜になりたい」は want to be 〜，「〜が得意である」は be good at 〜で表します。

㊴ 将来の夢・職業について話そう ③ 53ページ

1 (1) do you want to be

(2) be a pilot

(3) be a singer

(4) can sing well

(5) Good luck

≫考え方 (1)「あなたは何になりたいです
か。」という意味です。(2)「私はパイロッ
トになりたいです。」という意味です。(3)
「私は歌手になりたいです。」という意味で
す。(4)「私は上手に歌うことができます。」
という意味です。(5)「がんばってくださ
い。」という意味です。

㊴ 単　語 ⑱ (部活動) 54ページ

1 (1) イ　　(2) ウ

(3) ア　　(4) エ

2 (1) baseball

(2) table tennis team

≫考え方 **1** soccer team は「サッカー部」,
volleyball team は「バレーボール部」,
track and field team は「陸上部」, tennis
team は「テニス部」という意味です。
2「野球部」は baseball team,「卓球部」
は table tennis team で表します。

㊵ 単　語 ⑲ (動作 ③) 55ページ

1

(1) [join — the tennis team]

(2) [read — many books]

(3) [practice — soccer]

2 (1) meet　　(2) study

≫考え方 **1** join the tennis team は「テニ
ス部に入る」, read many books は「たく
さんの本を読む」, practice soccer は「サッ
カーを練習する」という意味です。
2「〜に会う」は meet 〜,「勉強する」は
study 〜 で表します。

㊶ 中学校での目標について話そう ① 56ページ

1 (1) like baseball

(2) want, join

(3) What club

2 (1) What club do you

(2) I want to join the tennis
team.

≫考え方 **1**「〜が好き」は like 〜,「野球」
は baseball,「〜したい」は want to 〜,「〜
に入る」は join 〜,「あなたは何部に入り
たいですか。」は What club do you want
to join? で表します。
2「あなたは何部に入りたいですか。」は
What club do you want to join?,「私は〜
に入りたいです。」は I want to join 〜. で
表します。club は文化系の部活, team は
運動系の部活に使うことが多いです。運動
系の部活は club を使うこともあります。

㊷ 中学校での目標について話そう ② 57ページ

1 (1) What event

(2) want to enjoy

2 (1) do you want to enjoy

(2) enjoy studying

(3) want to join

≫考え方 ① (1)A:「あなたはどんな行事を楽しみたいですか。」B:「私は遠足を楽しみたいです。」という意味です。(2)A:「あなたはどんな行事を楽しみたいですか。」B:「私は運動会を楽しみたいです。」という意味です。
② 「あなたは何を楽しみたいですか。」は What do you want to enjoy?,「～を楽しみたい」は want to enjoy ～,「～に入りたい」は want to join ～で表します。

⑤⑧ 中学校での目標について話そう ③ 58 ページ

1
(1) What do you
(2) want to join
(3) Are you good at
(4) Yes, I am
(5) That's good

≫考え方 A:「あなたは何を楽しみたいですか。」B:「私は水泳部に入りたいです。」A:「あなたは水泳が得意ですか。」B:「はい, 得意です。」A:「それはいいですね。」という意味です。

⑤⑨ ブラッシュアップ！ ④ 59 ページ

1
(1) best memory
(2) to be
2
(1) do you want to enjoy
(2) join the tennis team
(3) make many friends

≫考え方 ① 「私のいちばんの思い出は～です。」は My best memory is from ～.,「～になりたい」は want to be ～で表します。
② 「あなたは何を楽しみたいですか。」は What do you want to enjoy?,「～に入る」は join ～,「友だちを作る」は make friends で表します。

⑥⓪ チャレンジテスト ⑤ 60 ページ

1 (1) 2 (2) 1 (3) 3
2 (1) 1 (2) 4

≫考え方 ① (1)A:「あなたのいちばんの思い出は何ですか。」B:「私のいちばんの思い出は運動会です。」という意味です。your best memory「あなたのいちばんの思い出」を聞かれているので, My best memory「私のいちばんの思い出」で答えましょう。I「私は」, My「私の」, Me「私を[に]」, He「かれは」という意味です。(2)A:「あなたは何部に入りたいですか。」B:「私はバスケットボール部に入りたいです。」という意味です。club「部」, food「食べ物」, animal「動物」, subject「教科」という意味です。(3)A:「私は英語の先生になりたいです。」B:「それはいいですね。がんばってください。」という意味です。You're welcome. は「どういたしまして。」, Sorry. は「すみません。」, Good luck. は「がんばってください。」, Good night. は「おやすみなさい。」という意味です。
② 「～へ行った」は went to ～,「あなたは何になりたいですか。」は What do you want to be? で表します。

㊱ まとめテスト ②　　61ページ

1 (1) enjoyed fishing
　　(2) to join　　(3) I ate

2 (1) is good at
　　(2) can speak

≫考え方 **1** 「つりを楽しんだ」は enjoyed fishing, 「〜に入りたい」は want to join 〜, 「〜を食べた」は ate 〜 で表します。
2 「〜するのが得意である」は be good at 〜, 「〜できる」は can 〜 で表します。

㊷ チャレンジテスト ⑥　　62ページ

1 (1) 4　　(2) 4　　(3) 2

2 (1) 2　　(2) 4.

≫考え方 **1** (1) 「私(わたし)は美しい川を見ました。」という意味です。went「行った」, ate「〜を食べた」, was「〜だった」, saw「〜を見た」という意味です。(2) A:「あなたはどんなスポーツを見たいですか。」B:「私は野球を見たいです。」という意味です。rackets「ラケット」, dogs「イヌ」, summer「夏」, baseball「野球」という意味です。(3) A:「あなたは何になりたいですか。」B:「私は動物園の飼育員になりたいです。」という意味です。Who「だれ」, What「何」, Where「どこ」, Why「なぜ」という意味です。
2 「〜へ行った」は went to 〜, 「私の祖父母の家」は my grandparents' house, 「私のいちばんの思い出は〜です。」は My best memory is from 〜. で表します。

㊸ チャレンジテスト ⑦　　63ページ

1 (1) 4　　(2) 4　　(3) 3

2 (1) 1　　(2) 4

≫考え方 **1** (1) A:「あなたは何を楽しみたいですか。」B:「私はたくさんの本を読むことを楽しみたいです。」という意味です。singing「〜を歌うこと」, doing「〜すること」, playing「(スポーツなど)をプレイする / 遊ぶこと」, reading「〜を読むこと」という意味です。(2) A:「あなたのいちばん好きな日本の文化は何ですか。」B:「それは花見です。」という意味です。sport「スポーツ」, food「食べ物」, subject「教科」, culture「文化」という意味です。(3) A:「あなたはテニスをすることが得意ですか。」B:「はい,得意です。」という意味です。Are you 〜? で聞かれたら「はい」の場合は Yes, I am. で,「いいえ」の場合は No, I'm [I am] not. で答えます。
2 「〜はすてきな町です。」は〜 is a nice town., 「あなたは何になりたいですか。」は What do you want to be? で表します。

㊹ チャレンジテスト ⑧　　64ページ

1 (1) 2　　(2) 3　　(3) 4

2 (1) 4　　(2) 2

≫考え方 **1** (1) A:「あなたのたん生日はいつですか。」B:「5月5日です。」という意味です。memory「思い出」, birthday「たん生日」, sport「スポーツ」, town「町」という意味です。(2) 「私はあのレストランでカレーライスを食べました。」という意味です。was「〜だった」, played「〜をした」, ate「〜を食べた」, went「行った」という意味です。(3) A:「あなたは日本で何をしたいですか。」B:「私は京都へ行きたいです。」という意味です。How「どのように」, Why「なぜ」, When「いつ」, What「何」という意味です。
2 「かれは〜です。」は He is 〜., 「すばらしい」は great, 「〜はだれですか。」は Who is 〜? で表します。